*Mit diesem Buch hat Prof. Thomas Götz das Erleben der Auftrittssituation auf wissenschaftliche Weise auf den Punkt gebracht. Es bietet den perfekten Ausgangspunkt für jeden/jede MusikerIn, sich auf eine individuelle Reise zu begeben und neue Perspektiven einzunehmen, um den Moment auf der Bühne noch mehr genießen und freier erleben zu können.*

Karin Bonelli
Wiener Philharmoniker und Penthesilea Academy, Flötistin

AF220852

Thomas Götz

# Lampenfieber und Prüfungsangst bei Musiker*innen

Tipps aus der Emotionsforschung

**Prof. Dr. Thomas Götz** (Promotion und Habilitation im Fach Psychologie) ist Professor für Bildungspsychologie und gesellschaftliche Veränderungen an der Universität Wien und dort Vorstand des Instituts für Psychologie der Entwicklung und Bildung. Zudem ist er Adjunct Professor an der McGill University in Montreal (Kanada). Sein Forschungsschwerpunkt sind Emotionen im Lern- und Leistungskontext. Vor dem Psychologiestudium studierte er Kirchenmusik an der Fachakademie für katholische Kirchenmusik in Regensburg (heute Hochschule für Katholische Kirchenmusik und Musikpädagogik Regensburg) und schloss nach dem dortigen Examen mit einem Musiklehrerdiplom (Hauptfach Orgel) an der Hochschule für Musik und Theater in München ab. Er war u.a. sieben Jahre als hauptamtlicher Kirchenmusiker an der Regensburger Dompfarrei tätig (Orgel, Chöre, Orchester, Konzertreihen).

thomas.goetz@univie.ac.at

Bibliografische Information der Deutschen Nationalbibliothek: Die Deutsche Nationalbibliothek verzeich-
net diese Publikation in der Deutschen Nationalbibliografie; detaillierte bibliografische Daten sind im In-
ternet über dnb.dnb.de abrufbar.

© 2022 Thomas Götz
Herstellung und Verlag: BoD – Books on Demand, Norderstedt

ISBN: 9783755770572

# Inhaltsverzeichnis

1.  Zu diesem Buch ....................................................................................7

2.  Lampenfieber und Prüfungsangst: Was ist das? ................................8

3.  Wirkungen von Lampenfieber und Prüfungsangst .........................11

4.  Ursachen von Lampenfieber und Prüfungsangst ............................16

5.  Umgang mit Lampenfieber und Prüfungsangst ...............................20

6.  Regulationsstrategien in der Praxis ..................................................27

7.  Berechnung eines individuellen Angst- Scores ...............................33

8.  Schlusswort ...........................................................................................35

9.  Literatur .................................................................................................36

# 1. Zu diesem Buch

*Es sind nicht die Dinge selbst, die uns beunruhigen, sondern die Vorstellungen und Meinungen von den Dingen.*

Epiktet
(um 50 - 138 n. Chr.)

Wir Musiker*innen kennen das Lampenfieber nur allzu gut – vom Vorspielen oder Vorsingen eines kleinen Stückes im Familienkreis bis hin zu großen Konzerten. In der Regel ist es ein unangenehmes Gefühl, das uns bei der Aufführung beeinträchtigt, sei es dadurch, dass wir zittern, uns Sorgen quälen oder wir am liebsten verschwinden möchten und dadurch nicht mit voller Hingabe musizieren. All dies gilt auch für die Prüfungsangst, z.B. bei Prüfungen im Studium oder bei Probespielen. Obwohl viele der Überzeugung sind, gegen Lampenfieber und Prüfungsangst könne man ohnehin nichts machen, gibt es durchaus viele und auch wirklich effektive Möglichkeiten, diese Gefühle sehr stark zu reduzieren oder ihr Auftreten sogar ganz zu verhindern. In diesem kleinen Buch möchte ich Ihnen entsprechende Tipps dazu geben. Damit Sie Lampenfieber und Prüfungsangst gut regulieren können, ist es wichtig zu wissen, was damit überhaupt gemeint ist, welche Wirkungen diese Gefühle haben, wie sie entstehen und was Sie entsprechend dagegen tun können. Insofern gehe ich in diesem kleinen Buch auf all diese Themen ein.

Ich selbst habe Kirchenmusik studiert, ein Musiklehrerdiplom erworben (Hauptfach Orgel) und mehrere Jahre als hauptamtlicher Kirchenmusiker in einer großen Pfarrei gewirkt. Ich habe unzählige Instrumental- und Gesangsprüfungen abgelegt, zahlreiche Orgelkonzerte gespielt und viele Konzerte dirigiert (Chor, Orchester). Daher kenne ich Lampenfieber und Prüfungsangst aus eigener Erfahrung sehr gut. Erst nach dem Musikstudium habe ich Psychologie studiert und eine wissenschaftliche Karriere eingeschlagen, bei der ich mich mit Emotionen im Kontext von Lernen und Leistung intensiv beschäftige. In diesem kleinen Buch fließen somit meine musikalischen Erfahrungen und das wissenschaftliche Wissen zu Emotionen zusammen.

Initiiert wurde dieses kleine Buch durch meine Teilnahme an einer Podiumsdiskussion zum Thema Lampenfieber und Prüfungsangst an der Internationalen Akademie Traunkirchen, bei welcher Musiker*innen anwesend waren, die sich auf Probespiele bei Orchestern vorbereiteten.

Wir wissen, wie stark uns Lampenfieber und Prüfungsangst beim Musizieren beeinträchtigen können. Und es kann sehr frustrierend sein, wenn wir aufgrund von Angst weit unter unseren Möglichkeiten musizieren. Ich hoffe, dieses kleine Buch kann Ihnen dabei helfen, Lampenfieber und Prüfungsangst besser zu verstehen und beides möglichst zu vermeiden oder zumindest stark zu reduzieren.

## 2. Lampenfieber und Prüfungsangst: Was ist das?

Lampenfieber zeigt dieselben Symptome wie Angst (siehe z.B. Spahn, 2012). Es ist daher eine Angst, die sich auf spezifische Situationen, nämlich Auftritte bezieht. In einem etwas weiter gefassten Verständnis handelt es sich bei Lampenfieber um eine Form von Prüfungsangst (Zeidner, 2014), da auch Aufführungen in der Regel bewertet werden, z.b. durch Konzertkritiker*innen, aber auch implizit durch wertende Aussagen während und nach den Aufführungen durch Konzertbesucher*innen oder Kolleg*innen. Und je hörbarer die individuelle Leistung bei einer Aufführung ist (z.b. Solo), desto stärker wird die Situation als Prüfungssituation wahrgenommen. Lampenfieber ist somit im weitesten Sinne eine Form von Prüfungsangst, die speziell bei Aufführungen auftritt. Prüfungsangst bezieht sich stärker auf explizite Prüfungen (z.b. Instrumentalprüfung, Probespiel). Da Lampenfieber und Prüfungsangst sich sehr ähnlich sind, werde ich im Folgenden oft nur die Prüfungsangst nennen, aber damit immer auch Lampenfieber meinen.

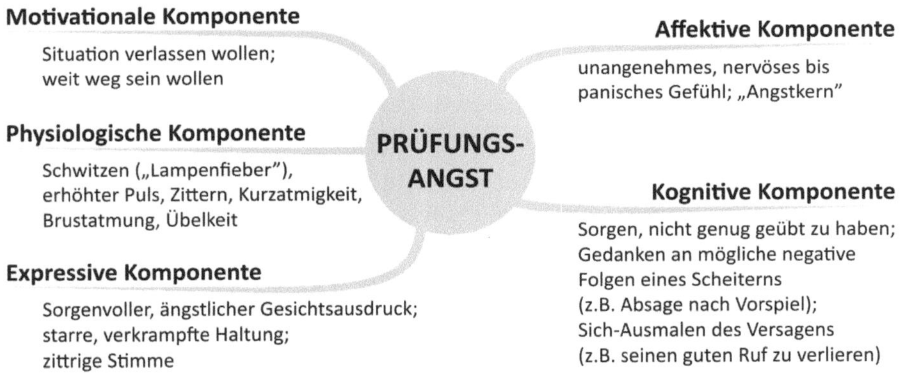

**Motivationale Komponente**

Situation verlassen wollen;
weit weg sein wollen

**Physiologische Komponente**

Schwitzen („Lampenfieber"),
erhöhter Puls, Zittern, Kurzatmigkeit,
Brustatmung, Übelkeit

**Expressive Komponente**

Sorgenvoller, ängstlicher Gesichtsausdruck;
starre, verkrampfte Haltung;
zittrige Stimme

**PRÜFUNGS-ANGST**

**Affektive Komponente**

unangenehmes, nervöses bis
panisches Gefühl; „Angstkern"

**Kognitive Komponente**

Sorgen, nicht genug geübt zu haben;
Gedanken an mögliche negative
Folgen eines Scheiterns
(z.B. Absage nach Vorspiel);
Sich-Ausmalen des Versagens
(z.B. seinen guten Ruf zu verlieren)

**Abbildung 1**   Definition – Komponenten von Prüfungsangst

Prüfungsangst ist eine Emotion. Sie wird in der Forschung oft anhand eines Komponentenmodells dargestellt (Frenzel, Götz, & Pekrun, 2020), d.h. in ihre verschiedenen Komponenten (Facetten) aufgeschlüsselt. In Abbildung 1 sind die Komponenten von Prüfungsangst/Lampenfieber dargestellt und jeweils Beispiele zu den einzelnen Komponenten aufgeführt (siehe auch Frenzel & Götz, 2008).

*Affektive Komponente.* Kern einer jeden Emotion und damit auch von Prüfungsangst ist die affektive Komponente. Sie ist die notwendige, aber auch hinreichende Bedingung dafür, dass man von einer Emotion spricht. Selbst wenn also die anderen

Komponenten nicht ausgeprägt sein sollten, spricht man von Prüfungsangst, wenn die affektive Komponente erlebt wird. Bei Prüfungsangst handelt es sich hierbei um ein unangenehmes, nervöses bis hin zu panischem Gefühl. Es ist das spezifische Erleben der Angst, wie sie im Innersten gefühlt wird.

*Kognitive Komponente.* Sie umfasst alle Gedanken, die uns bei Prüfungsangst durch den Kopf schwirren. Es sind primär Sorgen, wie z.B. möglicherweise nicht genug oder auch falsch geübt zu haben, vielleicht zu scheitern und dann die Konsequenzen tragen zu müssen (z.B. eine Stelle nicht zu bekommen oder seinen guten Ruf zu verlieren), oder schlechtes Reden über einen durch Andere (z.B. Neider*innen, Konkurrent*innen) nach einer möglicherweise misslungenen Aufführung.

*Expressive Komponente.* Sie umfasst alles nach außen hin Sichtbare und Hörbare der Angst, wie z.B. einen sorgenvollen Gesichtsausdruck, starre und verkrampfte Körperhaltung, zittrige Stimme und sichtbares Zittern.

*Physiologische Komponente.* Sie umfasst alle körperlichen Reaktionen, die mit Angst einhergehen – ob sichtbar oder nicht (Roos, Goetz, & Voracek et al., 2021). Typisch bei Angst sind erhöhte Körpertemperatur („Lampen*fieber*"), erhöhter Puls, Zittern, Kurzatmigkeit, Brustatmung, Übelkeit, Austrocknen des Mund- und Rachenraums, erschwertes Schlucken, Harndrang und Durchfall.

*Motivationale Komponente.* Die vorherrschende Motivation bei Prüfungsangst ist, die Situation verlassen zu wollen – oft einhergehend mit dem Wunsch, möglichst weit weg vom Geschehen zu sein. In dieser Komponente zeigt sich auch ganz besonders der evolutionäre Ursprung von Angst, nämlich im Falle von Gefahr (z.B. man erblickt einen Löwen) verschwinden zu wollen. Prüfungssituationen erleben wir oft als potenzielle Gefahrensituationen.

Jenseits dieser generellen Aussagen dazu, wie Lampenfieber und Prüfungsangst definiert sind, ist Angst in ihrem Erleben etwas sehr Individuelles. D.h. die einzelnen Komponenten und auch die Aspekte innerhalb der Komponenten können sehr individuell ausgeprägt sein. So gibt es Musiker*innen, bei denen die Prüfungsangst sehr sichtbar ist, bei anderen hingegen nicht. Manche schwitzen bei Angst sehr stark, andere nicht. Ein erster Schritt in der Auseinandersetzung mit dem eigenen Lampenfieber bzw. der eigenen Prüfungsangst besteht somit darin, der eigenen Angst einmal bewusst ins Auge zu sehen, d.h. zu reflektieren, wie sie sich ganz individuell bei einem zeigt.

1. Ist Angst bei Vorspielen und Konzerten überhaupt ein Thema für mich? Wie stark ist sie, auch im Vergleich zu anderen Musiker*innen, bei mir ausgeprägt?

2. Hat sich mein Lampenfieber in den vergangenen Jahren verändert? Ist es eher stärker oder schwächer geworden?

3. Habe ich meiner Angst schon mal bewusst ins Auge gesehen oder habe ich dieses Gefühl bisher eher verdrängt?

4. Schäme ich mich manchmal dafür, dass ich Lampenfieber/Angst habe? Z.B., weil andere meine Angst sehen können?

5. Welche der 5 Komponenten von Prüfungsangst sind bei mir eher stark ausgeprägt? Welche eher schwach?

6. Welche Aspekte sind innerhalb der Komponenten bei mir vorherrschend? Bei der affektiven Komponente? Bei der kognitiven Komponente? Bei der expressiven Komponente? Bei der physiologischen Komponente? Bei der motivationalen Komponente?

7. Wie stark beeinträchtigt mich Angst bei Aufführungen? (von 1 „gar nicht" bis 10 „sehr stark")

8. Wie sehr wünsche ich mir, weniger Lampenfieber/Prüfungsangst zu haben (von 1 „gar nicht" bis 10 „sehr stark")?

# 3. Wirkungen von Lampenfieber und Prüfungsangst

Allem voraus: Lampenfieber und Prüfungsangst sind leistungsschädlich. In der Emotionsforschung gibt es mittlerweile tausende von Studien zur Prüfungsangst, die zeigen, dass diese im Lern- und Leistungskontext mit schlechten Leistungen einhergeht (Goetz & Hall, 2020; Zeidner, 2014). „Ein wenig Angst schadet nicht" – diese Aussage ist weit verbreitet, aber schlichtweg falsch. Viele beziehen sich bei derartigen Aussagen auf das sogenannte Yerkes-Dodson-Gesetz, das 1908 veröffentlicht wurde (Yerkes & Dodson, 1908). Hier wird postuliert, dass die Leistung bei einer mittleren körperlichen Aktivation am höchsten ist. Bei sehr geringer oder sehr hoher Aktivation sollte die Leistung hingegen schwach sein. Es lässt sich jedoch von diesem „Gesetz" nicht ableiten, dass ein mittleres Maß an Lampenfieber und Prüfungsangst ideal wäre – auch wenn dies manchmal fälschlicherweise gemacht wird (s. Teigen, 1994: Yerkes-Dodson: A Law for all Seasons). Zum einen basiert das Yerkes-Dodson-Gesetz auf Experimenten mit Labormäusen. Zum anderen, und das ist zentral, beutet ein mittleres Aktivationsniveau nicht zwangsläufig, dass dazu ein gewisses Maß an Angst vorhanden sein muss. Auch andere Emotionen, wie Freude oder Stolz, können eine entsprechende körperlichen Aktivation herbeiführen. Dasselbe gilt für bestimmte Motivationsarten, die ebenfalls die Aktivation erhöhen. Anders ausgedrückt: Um auf ein für Aufführungen gutes Aktivationsniveau zu kommen, muss man nicht die Angst auf ein entsprechendes Level heben. Sicherlich sollte man nicht wie eine Schlaftablette auf das Podium gehen. Je nach Persönlichkeit kann man für sich selbst herausfinden, welches Ausmaß an Aktivation für einen am günstigsten ist. Und diese notwendige und ideale Aktivation lässt sich, wie genannt, z.B. auch über Begeisterung und Vorfreude regulieren. Manche erzielen es auch über leichte sportliche Bewegungen oder Kaffee/Tee. Es ist m.E. wirklich problematisch und irreführend, zu behaupten, man sollte für eine gelingende Aufführung ein mittleres Maß an Angst bzw. Lampenfieber haben. Bei Lampenfieber wird in diesem Zusammenhang manchmal auch von „positivem Lampenfieber" gesprochen – bei dessen Beschreibung zeigt sich jedoch fast immer, dass eigentlich Angst damit gemeint ist (Spahn, 2012). Angst, auch nur leichte Angst ist eindeutig leistungsschädlich. Insbesondere beim Musizieren können leichte Ausprägungen von Angst bereits überaus schädlich sein. Warum das so ist, werde ich im Folgenden zeigen.

Zudem sei erwähnt, dass Lampenfieber und Prüfungsangst, jenseits ihrer negativen Wirkungen auf die Leistung, sehr unangenehme Gefühle sind (s. affektive Komponente der Angst, Abbildung 1), die unser Wohlbefinden mindern. D.h. häufige Angst reduziert auch unsere Lebensqualität und die Freude am Musizieren. Ein über längere Zeit hinweg relativ hohes Angst-Level kann zu körperlichen und psychischen Beschwerden führen.

Warum Lampenfieber und Prüfungsangst leistungsschädlich sind, kann anhand eines aktuellen Modells aus der Emotionsforschung zu den Wirkungen von Prüfungsangst gut verdeutlicht werden, der sogenannten Kontroll-Wert-Theorie (s. Pekrun, 2018). Das Originalmodell wurde für diese Publikation für den musikalischen Kontext adaptiert (s. Abbildung 2).

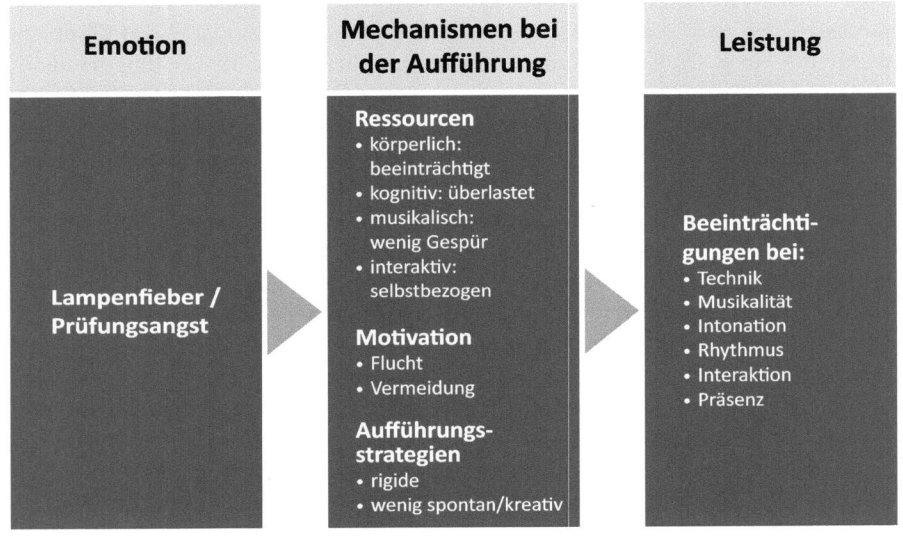

**Abbildung 2**    Wirkungen von Lampenfieber/Prüfungsangst

Prüfungsangst nimmt entsprechend ihrer oben aufgeführten Komponenten (s. Abbildung 1) Einfluss auf Mechanismen bei der Aufführung und dadurch schließlich auf das Leistungsergebnis. Es handelt sich hier um ein sogenanntes Mediationsmodell: Die Wirkungen von Angst auf die Leistung werden vermittelt, d.h. mediiert, über die Mechanismen bei der Aufführung. Im Modell wird auch angenommen, dass die Leistung rückwirkend Lampenfieber und Prüfungsangst beeinflussen kann (z.B. Reduzierung der Angst, wenn gute Leistung gebracht wird). Auch die Mechanismen der Aufführung können Lampenfieber und Prüfungsangst beeinflussen (z.B. weitere Erhöhung der Angst, wenn man merkt, dass man aufgrund der Angst körperlich beeinträchtigt ist, z.B. durch Schwitzen). Im Folgenden werde ich primär auf die Wirkmechanismen, d.h. nicht auf die rückwirkenden Effekte eingehen.

Bei den Mechanismen der Aufführung spielen drei Bereiche eine zentrale Rolle, nämlich die Ressourcen, die für die Aufführung zur Verfügung stehen, die Motivation bei der Aufführung und die Strategien, die bei der Aufführung eingesetzt werden. Lampenfieber bzw. Prüfungsangst beeinflusst all diese Aspekte auf eine insgesamt negative Weise. Im Folgenden gehe ich auf diese drei Bereiche ein.

*Ressourcen.* Hiermit sind alle Ressourcen gemeint, die uns für die Aufführung zur Verfügung stehen. Man könnte diese auch als das Ausmaß an „Energie" bezeichnen, die wir in die Aufführung einbringen können.

- *Körperliche Ressourcen.* Musik zu machen ist immer auch körperliche Arbeit. Und hierzu benötigen wir, je nach Instrument, spezifische körperliche Ressourcen. Manchmal z.b. die Erzeugung von spezifischem Luftdruck und dessen Steuerung (z.b. beim Singen oder bei einem Blasinstrument), manchmal feinmotorische Bewegungen (bei fast allen Instrumenten und beim Singen), manchmal auch wirklich Kraft (z.B. beim Schlagzeug und auch manchmal beim Dirigieren). Nun aktiviert uns zwar die Angst, d.h. sie setzt den Körper unter Energie, aber sie lässt ihn insgesamt weniger gut funktionieren, z.B. dadurch, dass man schwitzt, kurzatmig wird und zittert (s. physiologische Komponente der Angst, Abbildung 1). Auch die körperliche Präsenz auf dem Podium ist eingeschränkt, z.B. durch eine eher geduckte Haltung (s. expressive Komponente, Abbildung 1). Unser Körper wird durch Angst somit eindeutig geschwächt, d.h. wir können ihn weniger kontrolliert einsetzen.

- *Kognitive Ressourcen.* Wir benötigen zum Musizieren sehr viele kognitive Ressourcen. Z.B. müssen wir beim Singen oft viel Text wiedergeben (manchmal auch auswendig), wir müssen Noten hoch konzentriert lesen, wir rufen die vorher gelernten Strukturen eines Stückes mental ab (z.B. Teile einer Partitur), wir müssen darauf achten, wie andere spielen (z.B. bei Kammermusik) usw. Die Angst verbraucht jedoch sehr viele kognitive Ressourcen, v.a. durch die Sorgen, die mit ihr einhergehen (s. kognitive Komponente der Angst, Abbildung 1). Nun stehen uns diese Ressourcen, die unsere Angst verbraucht, nicht mehr für das Musizieren zur Verfügung, was die Aufführung insgesamt schwächt (Roos, Goetz, & Krannich et al., 2021). Dies ist vergleichbar mit einem Computer: Wenn im Hintergrund ein Programm intensiv läuft (hier: das Sorgenprogramm), dann bearbeitet der Computer dadurch die aktuelle, eigentliche Aufgabe nur mit Einschränkungen (meist deutlich langsamer).

- *Musikalische Ressourcen.* Schönes Musizieren lebt u.a. von der Hingabe an die Musik. Und hier spielen Emotionen eine große Rolle. Angst steht bei der Aufführung den anderen Emotionen, die eigentlich ausgedrückt werden sollten, sehr häufig im Weg. So ist es z.B. schwierig, wirkliche Ruhe oder auch Freude musikalisch überzeugend auszudrücken, wenn man innerlich sehr viel Angst verspürt (s. affektive Komponente der Angst, Abbildung 1).

- *Interaktive Ressourcen.* Beim Musizieren mit anderen muss man selbstverständlich mit diesen interagieren, d.h. gut hinhören, wie sie spielen, aber auch eigene Impulse setzen und darauf achten, wie andere darauf reagieren. Es ist letztlich wie ein intensiver Dialog mit mehreren anderen Personen gleichzeitig – man muss mit viel Gespür bei der Sache sein. Durch Angst ist man sehr mit sich selbst und seinen Sorgen und körperlichen Beeinträchtigungen beschäftigt, was die Qualität der Interaktion mit anderen sehr schwächt. Manchmal findet die Interaktion auch mit den Zuhörenden statt – z.B. bei Organist*innen, die ein Lied begleiten. Hier ist es zentral, auf die Singenden zu hören und dieses Hinhören ist unter Angst deutlich schwieriger.

*Motivation.* Wenn wir Lampenfieber bzw. Prüfungsangst erleben, dann geht dies mit Vermeidungsmotivation einher (s. motivationale Komponente der Angst, Abbildung 1; s. auch Dresel & Lämmle, 2017). D.h. eigentlich möchten wir gar nicht an diesem Ort sein und musizieren. Und zudem ist unser Spiel primär davon geprägt, ja nichts falsch zu machen. Deutlich besser für die Aufführung wäre es natürlich, wenn man gerne auf dem Podium stehen würde und statt der Motivation, Fehler zu vermeiden, hoch motiviert wäre, die Zuhörer*innen mit der Musik zu beglücken (sog. Annäherungsmotivation). Insgesamt ist die Wirkung der Angst auf die motivationale Orientierung beim Musizieren sehr ungünstig.

*Aufführungsstrategien.* Wir alle haben bei der Aufführung von Stücken ein bestimmtes Repertoire an Strategien zur Verfügung, die uns dabei helfen, gut zu musizieren. So stellen sich manche z.B. den Notentext beim Auswendigspielen kurz vor dem Konzert noch einmal bildhaft vor. Manche üben noch mal kurz mental. Bei Improvisationskonzerten (z.B. an der Orgel, am Klavier, bei der Trompete) überlegen sich manche noch kurzfristig originelle Wendungen und Rhythmen. Angst führt dazu, dass all diese Strategien eher wenig oder sehr rigide eingesetzt werden. Musik hat meist auch einen spielerischen Charakter, d.h. man folgt seiner Intuition, ist kreativ und offen für Spontanes. Bei Angst gehen all diese spielerischen Aspekte weitgehend verloren – man will es einfach nur mit wenig Schaden hinter sich bringen. Insgesamt ist somit Angst im Hinblick auf die Aufführungsstrategien sehr schädlich.

All die genannten mediierenden, d.h. vermittelnden, Mechanismen (Ressourcen, Motivation, Aufführungsstrategien) wirken sich somit negativ auf die Aufführungsleistung aus, insbesondere auf die Technik (z.B. Atemtechnik, Bogentechnik, Fingertechnik), die Musikalität (z.B. hingebungsvolles Musizieren), die Intonation (z.B. wegen ängstlicher Anspannung zu hoch oder generell wenig kontrollierbar), den Rhythmus (z.B. große Schwankungen), die Interaktion mit anderen (wenig Gespür für die anderen Musizierenden und das Publikum) und die Präsenz auf dem Podium (z.B. geduckte statt aufrechte Haltung). Wie im Mediationsmodell dargestellt, sind die Wirkungen von Lampenfieber und Prüfungsangst auf mehreren „Kanälen" schädlich für die Aufführungsleistung. Insofern ist es wichtig, sich mit den Ursachen von Angst zu beschäftigen, um durch eine Veränderung ihrer Ursachen möglichst auch die Angst selbst reduzieren zu können.

## Reflexionsfragen zu den Wirkungen von Lampenfieber/Prüfungsangst

1. Wie wirkt sich Lampenfieber/Angst primär bei mir körperlich aus?

2. Sind diese körperlichen Auswirkungen von Nachteil für meine Aufführung? Falls ja: warum und wie?

3. Welche Gedanken gehen mir typischerweise durch den Kopf, wenn ich Lampenfieber/Angst habe?

4. Sind diese Gedanken schädigend für meine Aufführung?

5. Beeinträchtigt mich Lampenfieber/Angst in meinem musikalischen Ausdruck?

6. Wirken sich Lampenfieber/Angst darauf aus, wie ich mit anderen musikalisch interagiere?

7. Habe ich bei Lampenfieber/Angst den Wunsch weit weg zu sein?

8. Fällt es mir bei Lampenfieber/Angst schwerer auswendig zu spielen?

9. Bin ich bei Lampenfieber/Prüfungsangst weniger präsent auf der Bühne?

## 4. Ursachen von Lampenfieber und Prüfungsangst

Wie entstehen Lampenfieber und Prüfungsangst? Die Neigung zu Lampenfieber/Prüfungsangst ist eine Facette der Persönlichkeit. Das heißt, Menschen unterscheiden sich darin, wie prüfungsängstlich sie sind. Aber jenseits dieser Unterschiede aufgrund der Persönlichkeit gibt es für alle gleichermaßen gültige Ursachen von Prüfungsangst (Pekrun, Muis, Frenzel, & Goetz, 2018). Das erlebte Ausmaß an Lampenfieber/Prüfungsangst hängt somit von der Persönlichkeit und weiteren Ursachen ab. Diese Zusammenhänge werden ebenfalls in der Kontroll-Wert-Theorie (Pekrun, 2018) dargestellt. Eine speziell für die Ursachen von Lampenfieber/Prüfungsangst adaptierte Version dieser Theorie ist in Abbildung 3 dargestellt.

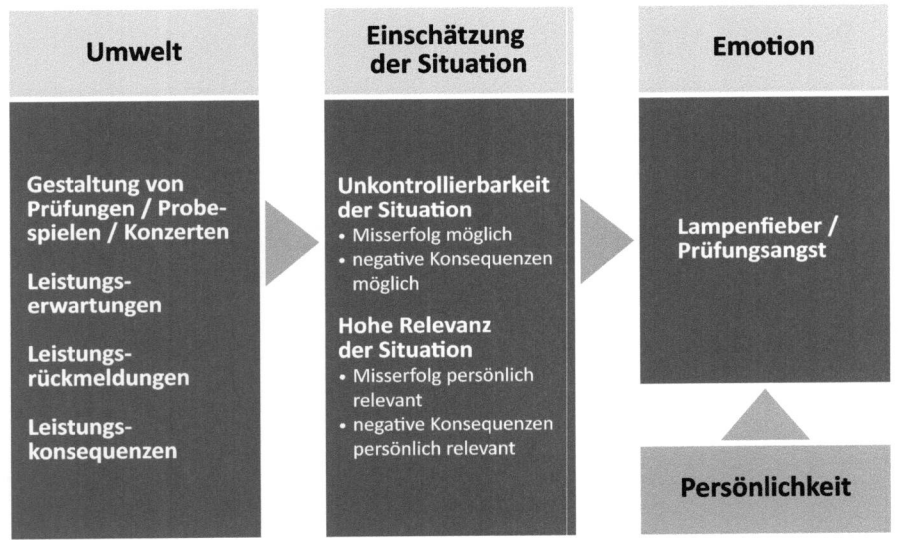

**Abbildung 3**   Ursachen von Lampenfieber/Prüfungsangst

Jenseits der generellen Neigung zu Lampenfieber und Prüfungsangst aufgrund der individuellen Persönlichkeit, entstehen sie primär durch unsere Einschätzung einer spezifischen Situation – und nicht durch die Situation an sich. Ein und dieselbe Situation kann sehr unterschiedlich eingeschätzt werden, je nachdem, wie sie individuell interpretiert wird. Dies ist ein alter Gedanke, wie er z.B. bereits bei den Stoikern vor 2000 Jahren geäußert wurde (s. Zitat am Anfang des Beitrags). In Abbildung 3 ist dieser Zusammenhang dargestellt: Aspekte der Umwelt (z.B. Gegebenheiten bei einem Probespiel) haben einen Einfluss auf die individuelle Einschätzung einer

Situation (z.B. Einschätzung des Ausmaßes an negativen Konsequenzen im Falle eines Versagens) und diese wiederum auf Lampenfieber/Prüfungsangst. D.h. auch hier handelt es sich, wie bei den Wirkungen von Emotionen (s. Abbildung 2), um ein Mediationsmodell: Der Einfluss der Umwelt auf Lampenfieber/Prüfungsangst wird über die Einschätzung der Situation mediiert. Auch in diesem Modell gibt es Rückwirkungen: Lampenfieber und Prüfungsangst können die Einschätzung der Situation beeinflussen (z.B. Erwartung von Misserfolg bei starker Angst) und auch die Umwelt (z.B. geringe Leistungserwartung wenn Angst des*der Vorspielenden sichtbar ist). Der Fokus liegt im Folgenden aber bei den Wirkmechanismen, d.h. auf diese Rückwirkungen werde ich nicht im Detail eingehen. Anders als bei den Wirkungen von Lampenfieber/Prüfungsangst beginne ich bei der Darstellung des Ursachen-Modells mit den mediierenden Aspekten, da es so anschaulicher erläutert werden kann.

*Einschätzung der Situation.* Zwei Gedankenbereiche sind für die Entstehung von Lampenfieber/Prüfungsangst zentral: zum einen das Ausmaß an Unkontrollierbarkeit der Situation im Hinblick auf das Ergebnis und die Konsequenzen, und zum anderen die Relevanz (d.h. der Wert) der Ergebnisse und Konsequenzen. Aufgrund dieser beiden Aspekte heißt die genannte Theorie auch Kontroll-Wert-Theorie.

- *Unkontrollierbarkeit.* Die Einschätzung der Unkontrollierbarkeit kann sich auf zwei Bereiche beziehen: auf die Unkontrollierbarkeit von Dingen bei einem selbst und auf die Unkontrollierbarkeit von Dingen außerhalb einem selbst. Was die Unkontrollierbarkeit von Dingen bei einem selbst anbelangt, so ist dies die Einschätzung, dass man evtl. seinen Körper, seine Gedanken und sein Instrument nicht unter Kontrolle hat (z.B. Zittern, Unkonzentriertheit, Abrutschen an den Tasten). Durch das Gefühl, keine Kontrolle zu haben, erscheinen Misserfolg und entsprechend negative Konsequenzen durchaus realistisch (z.B. von der Jury nicht ausgewählt zu werden, negative Kritik). Was die Wahrnehmung von Unkontrollierbarkeit bei Dingen außerhalb von einem selbst anbelangt, auch hier ein paar Beispiele: Bei einem Probespiel könnte der Eindruck von Unkontrollierbarkeit entstehen, wenn die Leistungserwartungen der Jury als so hoch eingeschätzt werden, dass man das Gefühl hat, diesen kaum entsprechen zu können. Oder man unterstellt der Jury eine Bewertung der Personen weitgehend unabhängig von deren Leistungen („Ergebnis steht eigentlich schon vorab fest"). D.h. die Situation ist im Hinblick auf das Ergebnis und damit auf die Konsequenzen stark unkontrollierbar, man hat letztlich wenig Einfluss darauf. Ein anderes Beispiel wäre, dass ein*e Konzertkritiker*in sich angekündigt hat, der*die, so denkt man, sehr wahrscheinlich eine vernichtende Kritik schreiben wird, egal wie gut man auch musiziert – d.h. auch hier schätzt man es so ein, dass man wenig Einfluss auf die Kritik (im Sinne eines Ergebnisses und einer Konsequenz) hat, dies also weitgehend unkontrollierbar ist.

- *Relevanz.* Lampenfieber und Angst entstehen insbesondere dann, wenn uns eine Situation sehr wichtig ist. Wenn es uns z.b. völlig unwichtig wäre, ob wir bei einer Aufführung gut oder schlecht spielten, dann würden wir keine Angst erleben. Übrigens wirkt sich die Relevanz auch auf alle anderen negativen und positiven Emotionen intensivierend aus. Wenn uns etwas vollkommen unwichtig ist, erleben wir z.b. auch weniger Scham und auch weniger Freude. Bei Prüfungsangst sind insbesondere die Relevanz eines möglichen Misserfolges und die daraus resultierenden negativen Konsequenzen zentral – beispielsweise Arbeitslosigkeit, wenn man bei einen Probespiel nicht erfolgreich ist oder seinen guten Ruf zu verlieren, weil ein Konzert verunglückt.

Die Einschätzung der Situation ist sehr subjektiv. Sie basiert natürlich auf den bisherigen Erfahrungen und der gegebenen Situation – aber all dies sind keine wirklich objektiven Größen, sie unterliegen vielmehr einem sehr großen Interpretationsspielraum.

*Umwelt.* In der Kontroll-Wert-Theorie werden Aspekte der Umwelt genannt, die zu einer Einschätzung der Situation als unkontrollierbar und sehr wichtig führen können.

- *Gestaltung von Prüfungen, Probespielen und Konzerten.* Prüfungen und Probespiele können mehr oder weniger so gestaltet werden, dass sie als unkontrollierbar und – über ihre objektive Bedeutung hinaus – als sehr wichtig eingeschätzt werden (vgl. Dickhäuser & Dickhäuser, 2020). Z.B. spielt die Art und Weise der Kommunikation der Jury hier eine große Rolle (Art des Umgangs mit den Prüflingen). Bei Konzerten können Dirigent*innen einem das Gefühl von Unkontrollierbarkeit vermitteln, z.b. wenn viel zu wenig geprobt wurde oder wenn ein*e Dirigent*in den Ruf hat, im Konzert alles ganz anders zu machen als bei den Proben. Die Relevanz könnte sehr hoch sein, wenn z.b. ein Solo ansteht oder ein*e Dirigent*in den Ruf hat, einzelne Musiker*innen bezüglich der Qualität ihres Spiels bei Proben vor allen anderen direkt anzusprechen.

- *Leistungserwartungen.* Bei Prüfungen, Probespielen und Konzerten werden vorab oft Leistungserwartungen kommuniziert. Wenn diese sehr hoch sind, kann dies das Gefühl von Unkontrollierbarkeit vermitteln. Auch die Einschätzung hoher Relevanz kann thematisiert werden, z.b. vor einer Prüfung („Wir haben nun beide so lange an dem Stück gearbeitet – vermassle es nicht"), bei Probespielen („Das ist eine einmalige Chance für Dich") und bei Konzerten („Wir wollen mit diesem Konzert neue Standards setzen").

- *Leistungsrückmeldungen.* In der Musik sind die Leistungsrückmeldungen oft sehr direkt und manchmal auch wirklich harsch – das haben wir wohl bereits alle erlebt. Bereits im Studium trifft man auf Dozierende, die sich durch scharfe Rückmeldungen einen besonderen Ruf geschaffen haben. Negative Rückmeldungen führen, je nach Formulierung, häufig zu einem Gefühl der

Unkontrollierbarkeit (z.B. „Jetzt ist die Technik zwar ok, aber musikalisch hat sich dadurch nichts verbessert"). Auch die Relevanz kann durch die Art der Leistungsrückmeldung stark beeinflusst werden (z.B. „Der Triller ist noch immer sehr wacklig – Du musst das hinbekommen, sonst brauchst Du die Prüfung erst gar nicht antreten").

▪ *Leistungskonsequenzen.* Wenn die Folgen schwacher Leistungen sehr hoch sind, dann führt das zu einer Einschätzung hoher Relevanz von Misserfolg. Im musikalischen Bereich sind musikalische Leistungen oft an Sympathien und Wertschätzung geknüpft – Misserfolge haben insofern, neben ihren Wirkungen auf die Karriere, oft diesbezüglich negative Konsequenzen. Wir kennen vermutlich alle noch Situationen aus dem Musikstudium, bei denen gute Studierende bei den Dozierenden beliebter waren als die weniger guten.

Lampenfieber und Prüfungsangst haben also konkrete Ursachen. Wenn man Lampenfieber und Angst vermeiden will, dann kann man entweder bei den Ursachen ansetzen, oder bei der Angst selbst, falls sie bereits aufgetreten ist. Im Folgenden wird auf diese beiden Facetten eingegangen.

## Reflexionsfragen zu den Ursachen von Lampenfieber/Prüfungsangst

1. Mache ich mir oft Gedanken darüber, dass ich meinen Körper oder meine Gedanken oder mein Instrument bei Aufführungen nicht unter Kontrolle haben könnte?

2. Mache ich mir oft Gedanken dazu, dass ich bei Aufführungen der Situation stark ausgeliefert bin, z.B. der*dem Dirigentin*Dirigenten?

3. Habe ich die Tendenz, die Wichtigkeit von Aufführungen als extrem, evtl. sogar übertrieben hoch einzuschätzen?

4. Haben mögliche Misserfolge eine extrem hohe Bedeutung für mich?

5. Fällt es mir sehr schwer mit möglichen Konsequenzen eines Misserfolgs zu leben?

6. Bewerte ich die Gegebenheiten von Aufführungen oft übertrieben oder unrealistisch negativ?

7. Sind die Leistungsrückmeldungen für mich von sehr hoher Bedeutung, z.B. für meinen Selbstwert?

8. Schätze ich die Konsequenzen eines möglichen Misserfolgs als unrealistisch hoch ein?

9. War das Steigen oder Sinken des Lampenfiebers vielleicht an ein anderes Lebensereignis gekoppelt?

## 5. Umgang mit Lampenfieber und Prüfungsangst

Von James Gross (2014) wurde ein umfassendes und hilfreiches Modell zur Emotionsregulation entwickelt: das sogenannte Prozessmodell der Emotionsregulation. Es bezieht sich auf dir Regulation alle Emotionen, d.h. auf die Förderung von positiven Emotionen (z.b. Freude, Hoffnung) und die Reduzierung von negativen Emotionen (z.B. Angst, Ärger, Hoffnungslosigkeit, Scham; s. Eder & Brosch, 2017). Im Folgenden werde ich mich ausschließlich auf die Regulation von Lampenfieber/Prüfungsangst konzentrieren (s. Abbildung 4).

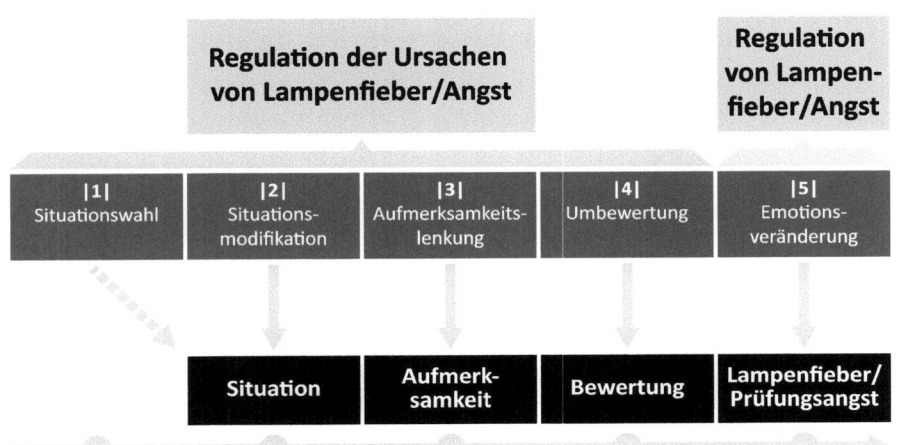

**Abbildung 4**    Regulation von Lampenfieber/Prüfungsangst

Prozessmodell heißt der Ansatz von Gross deswegen, weil verschiedene Stadien im Prozess der Emotionsentstehung dargestellt werden (s. horizontaler Pfeil in Abbildung 4). Hier werden Stadien dargestellt, in denen Lampenfieber/Angst entsteht – und ein Stadium, in welchem Lampenfieber/Angst bereits vorhanden ist (Stadium ganz rechts). Entsprechen lassen sich die Regulationsstrategien in solche einteilen, die die Entstehung von Angst zu verhindern versuchen, und jene, die dabei helfen, mit der Angst umzugehen, wenn sie bereits vorhanden ist (s. in Abbildung 4 die Bereiche „Regulation der Ursachen von Lampenfieber/Angst" und „Regulation von Lampenfieber/Angst"). Im Folgenden gehe ich jeweils kurz auf die einzelnen Stadien ein.

*(1) Situationswahl.* Sie setzt bei den Ursachen von Lampenfieber/Prüfungsangst an. Lampenfieber und Prüfungsangst kann man vermeiden, indem man sich nicht

oder möglichst wenig in Situationen begibt, in denen Lampenfieber oder Prüfungsangst entsteht. Dies beginnt im Bereich der Musik bereits bei der Entscheidung, ob eine Karriere eingeschlagen wird, bei der öffentliche Auftritte eine Rolle spielen. Entscheidet man sich z.B. für eine Solokarriere, dann sind öffentliche Vorspiele selbstverständlich unvermeidbar. Es geht auch bereits um die Entscheidung, ein Musikstudium aufzunehmen oder nicht – auch das Studium ist von zahlreichen öffentlichen Vorspielen und Prüfungen geprägt. Alternativ könnte man Musik zu einem Hobby (auch auf sehr hohem Niveau) machen und eben nicht öffentlich auftreten, sondern einfach für sich selbst musizieren, weil es erfüllend ist. Bei diesbezüglichen Entscheidungsprozessen gilt es, auch die Motivation für das Einschlagen einer Karriere mit öffentlichen Auftritten sehr genau zu reflektieren. Auch ein beruflicher Wechsel in einen anderen (musikalischen oder nicht-musikalischen) Bereich ist eine Facette der Situationswahl – in diesem Fall wäre es die Wahl einer anderen, neuen Situation. Es geht also beim Aspekt der Situationswahl darum, sich weniger oder auch gar nicht in Situationen zu begeben, in denen man wahrscheinlich Lampenfieber bzw. Prüfungsangst erleben wird. Wenn man sich erst gar nicht in solche Situationen begibt, werden Lampenfieber und Prüfungsangst nicht auftreten.

*(2) Situationsmodifikation.* Auch die Situationsmodifikation setzt bei den Emotionsursachen an. Ist man, falls die Entscheidung bei der Situationswahl entsprechend getroffen wurde, immer wieder mal in Situationen, die Lampenfieber/Angst auslösen, so ist man der Entstehung dieses Erlebens nicht ausgeliefert. Man kann diese Situationen nämlich entsprechend mehr oder weniger stark modifizieren. Wenn man sich z.B. in einer beruflichen Situation befindet, in der Prüfungen und/oder Vorspiele zwangsläufig stattfinden (z.B. Studium, solistische Laufbahn), dann kann man oft zu einem gewissen Grad Einfluss auf deren Gestaltung nehmen. So kann man bei Solo-Auftritten z.B. eher kleinere oder sehr große Säle wählen – je nachdem, wo weniger Lampenfieber/Angst erlebt wird. Ein anderes Beispiel von Situationsmodifikation ist, Stücke zu spielen, die einem weniger Angst bereiten. Personen, deren Anwesenheit eine beruhigende Wirkung auf uns hat (z.B. Freund*innen), können wir z.B. bitten, bei der Aufführung dabei zu sein. Die Gesamtsituation wird selbstverständlich auch sehr stark von einem selbst geprägt, von den eigenen Fähigkeiten, die man in die Situation einbringt. Eine gute Vorbereitung, v.a. ein intensives Üben der Stücke, trägt im Sinne der Situationsmodifikation zur Reduzierung von Lampenfieber/Prüfungsangst bei. Neben des Übens der Stücke kann man sich auf die Situation auch vorbereiten, indem man seine Fähigkeit mit Kritik umzugehen stärkt, seine Kontaktfähigkeit (z.B. Umgang mit anderen Personen) und auch die Aufnahmefähigkeit während des Spielens übt (z.B. bei Kammermusik im Hier und Jetzt bleiben zu können).

*(3) Aufmerksamkeitslenkung.* Auch bei der Aufmerksamkeitslenkung wird bei den Ursachen von Lampenfieber/Prüfungsangst angesetzt. Nun befindet man sich

in einer Situation, die potenziell zu Lampenfieber/Angst führt. Bei der Strategie der Aufmerksamkeitslenkung geht es darum, die Aufmerksamkeit möglichst von jenen Faktoren wegzulenken, die Lampenfieber oder Prüfungsangst auslösen. Dies könnte bei Prüfungen und Probespielen z.b. bedeuten, dem Aspekt der Prüfung bzw. Selektion nicht permanent Aufmerksamkeit zu schenken, sondern sich voll auf die Musik und einen schönen und bereichernden musikalischen Ausdruck zu konzentrieren. Bei Konzerten könnte man z.b. den Blick von Konzertkritiker*innen im Publikum abwenden oder evtl. sogar weitgehend das Publikum ausblenden, falls dieses Lampenfieber/Angst auslöst (Stichwort: primär für sich spielen). Oder im Orchester könnte man, falls Angst vor der*dem Dirigentin*Dirigenten vorhanden ist, diesem Gedanken keine Aufmerksamkeit schenken, sondern sich voll und ganz auf die Aufführung und die musikalische Interaktion mit der*dem Dirigentin*Dirigenten konzentrieren. Kurz vor einer Prüfung oder Aufführung könnte man die Gedanken auch an vorausgegangene, schöne Gefühle bei der Musik lenken, z.b. auf erfüllende Momente, während man das Stück schon mal gespielt hat, das auf dem aktuellen Programm steht. Statt die Aufmerksamkeit von angstauslösenden Faktoren „auszuschalten", ist es oft einfacher, sie auf andere, möglichst schöne Dinge zu lenken. Falls die Konzentration auf vergangene, schöne Dinge schwierig ist, dann kann es auch helfen, sich auf für Angst irrelevante Dinge zu konzentrieren, wie z.b. irgendetwas nicht-angstauslösendes zu beobachten (z.b. aus dem Fenster schauen). Wir sind dem Blick auf angstauslösende Faktoren nicht ausgeliefert, sondern können starken Einfluss darauf nehmen. Insgesamt geht es bei dieser Strategie darum, den potenziell angstauslösenden Dingen einfach keine oder wenig Aufmerksamkeit zu schenken. Es ist auch stärkend, die eigene Souveränität und Entscheidungsfähigkeit zu spüren, bestimmten Dingen mehr oder weniger Aufmerksamkeit zu geben.

*(4) Umbewertung.* Auch bei der Umbewertung geht es darum, an den Ursachen von Lampenfieber und Prüfungsangst anzusetzen. Bei diesem Aspekt sind wir aber bereits bei den sehr direkten Emotionsauslösern angekommen. Zuvor fand die Situationsauswahl statt, dann die Situationsmodifikation und schließlich die Aufmerksamkeitslenkung. Trotz dieser vorausgegangenen Schritte kann es sein, dass wir in der konkreten Situation angstauslösende Gedanken haben. Umbewertung bedeutet, die angstauslösenden Gedanken, die man über die Situation und sich selbst hat, zu verändern. Wie oben beschrieben (s. „Einschätzung der Situation" in der Kontroll-Wert-Theorie; Abbildung 3) werden Lampenfieber und Prüfungsangst vor allem durch Gedanken ausgelöst, die sich auf Unkontrollierbarkeit und hohe Relevanz (bezüglich Ergebnisse und Konsequenzen) beziehen.

- *Kontrolle.* Im Hinblick auf Kontrolle kann man sich z.b. vergegenwärtigen, dass man sehr gut vorbereitet ist und sein Bestes gegeben hat – und so das Musizieren auch im Rahmen der eigenen Möglichkeiten unter Kontrolle hat. Hilfreich für das Kontrollerleben ist es auch, sich seine eigenen Fähigkeiten und Stärken bewusst zu machen – dies fördert das Selbstbewusstsein vor einem

Auftritt. Gedanken zum Ausgeliefertsein (z.B. der Jury, den Kritiker*innen, den Wertungen des Publikums) können in Gedanken zur eigenen Wirksamkeit in der Situation (sogenannte Selbstwirksamkeit) umgewandelt werden, d.h. dem Bewusstsein, dass man sehr viel in der Situation sehr gut gestalten kann.

- *Relevanz.* Was die Relevanz anbelangt, so ist es hilfreich, die Situation nicht zu überhöhen, in dem Sinne, dass man ihr keine extreme Relevanz zuschreibt. Selbstverständlich sind manche Prüfungen, Konzerte und Vorspiele sehr wichtig – aber es gibt immer auch Alternativen und so gut wie nie hängt alles im Leben von einem einzigen Moment ab. Gerade vor Aufführungen gibt es oft die Tendenz, die Situation als noch wichtiger einzuschätzen als sie ist. Das soll nicht bedeuten, dass wir mit Gleichgültigkeit ans Musizieren gehen sollten – aber sicher nicht mit einer überhöhten Einschätzung seiner Relevanz, insbesondere im Hinblick auf einen möglichen Misserfolg und dessen Konsequenzen.

Insgesamt geht es bei der Umbewertung also darum, das Vertrauen in sich selbst zu stärken und die Relevanz der Situation nicht zu überhöhen, sondern sie aus neuen Perspektiven zu betrachten. Die Umbewertung ist der letzte Schritt, um die Entstehung von Lampenfieber/Prüfungsangst zu vermeiden. All dies kann mehr oder weniger gelingen. Aber oft erleben wir dennoch in der konkreten Situation ein gewisses Maß an Lampenfieber und Prüfungsangst – und hier kann die Emotionsveränderung hilfreich sein.

*(5) Emotionsveränderung.* Hier geht es, anders als bei den bisherigen Strategien, darum, wie mit bereits vorhandenem Lampenfieber oder bereits vorhandener Prüfungsangst umgegangen werden kann. Man versucht das Lampenfieber bzw. die Prüfungsangst hin in ein positiveres Gefühl zu verändern. Da Angst aus unterschiedlichen Komponenten besteht (s. Komponentenmodell, Abbildung 1), kann man hier bei den einzelnen Komponenten ansetzen:

- *Affektive Komponente.* Eine Möglichkeit, Einfluss auf die affektive Komponente zu nehmen, besteht darin, die Angst als solche zunächst einmal anzunehmen und sie als eine natürliche und sehr nachvollziehbare Facette der Situation zu sehen. Die Angst nicht als einen Feind zu sehen kann diese deutlich reduzieren (z.B. „Es ist völlig in Ordnung, wenn ich Angst habe"). Eine andere Möglichkeit besteht darin, sich in eine positivere Stimmung zu versetzen, z.B. indem man an etwas Schönes denkt oder sich etwas Lustiges vergegenwärtigt. Positive Emotionen sind mit der Angst inkompatibel und können die Angst dadurch reduzieren. Auch Nahrung kann beruhigend wirken. Z.B. kann man bei starker Angst vor einem Auftritt etwas trinken, das erfahrungsgemäß wieder beruhigt, oder etwas essen, von dem man weiß, dass es eine beruhigende Wirkung hat. Auch das Hören schöner Musik oder das Lesen eines Textes, den man sehr mag und der einem vertraut ist, kann beruhigend sein. All dies ist sicherlich sehr individuell und man muss für sich selbst herausfinden, was hier hilfreich ist – und ob es überhaupt für einen hilfreich ist.

- *Kognitive Komponente.* Auch wenn bestimmte Kognitionen primär die Ursachen von Angst darstellen, so sind, wie bei den Wirkungen der Angst beschrieben, auch Sorgen kurz vor und während einer Aufführung leistungsschädlich (Verbrauch kognitiver Ressourcen). Insofern kann man versuchen, seinen Sorgen-Gedanken keinen oder zumindest wenig Raum zu geben, z.B. durch einen bewussten Sorgen-Gedanken-Stopp.

- *Physiologische Komponente.* Lampenfieber und Prüfungsangst gehen mit einer Vielzahl körperlicher Reaktionen einher. Verändert man diese positiv, so reduziert sich dadurch auch das Gesamterleben der Angst. Beispiele hierfür sind Entspannungsübungen (z.B. progressive Muskelrelaxation vor einem Konzert), bewusste Bauchatmung, möglichst ruhig und gleichmäßig zu atmen und sich etwas zu bewegen (primär ruhige und gleichmäßige Bewegungen), sodass sich Anspannungen lösen.

- *Expressive Komponente.* Auch eine Veränderung der expressiven Aspekte von Angst kann sehr hilfreich sein. Z.B. ist es nützlich darauf zu achten, dass man nicht starr, sondern eher locker steht oder sitzt, dass man statt einem sorgenvollen und ängstlichen Gesichtsausdruck versucht eher neutral oder sogar positiv (z.B. leichtes Lächeln) zu blicken. Im Hinblick auf die Stimme kann man versuchen, durch das Singen angenehmer Töne und Melodien, oder auch durch das Sprechen angenehmer (möglichst auch positiver) Wörter, das Zittern aus der Stimme zu bekommen.

- *Motivationale Komponente.* Das Gefühl, weit weg sein zu wollen, kann reduziert werden, indem man sich bewusst für das Hier und Jetzt entscheidet. Z.B. kann man mit Selbstbewusstsein auf das Podium gehen und dort selbstbewusst stehen oder sitzen. Es ist hilfreich, das Da-Sein bewusst zu bejahen.

Bei welchen Komponenten man bei der Emotionsregulation ansetzt, ist sicherlich von Person zu Person sehr verschieden. Zudem können sich die individuellen Herangehensweisen im Laufe der Zeit verändern. Auch hier gilt es, durch Übung und das Sammeln von Erfahrungen einen für sich passenden Weg zu finden.

Das Prozessmodell der Emotionsregulation von Gross (2014) zeigt eine Vielzahl von Möglichkeiten auf, die Entstehung von Lampenfieber und Prüfungsangst zu verhindern. Und es verweist zudem auf viele Strategien, sie zu reduzieren, falls sie bereits vorhanden sind. Es können entweder einzelne Strategien zum Einsatz kommen oder eine bestimmte Kombination von Strategien. Meist ist es deutlich einfacher, bei den bereits frühen Stadien der Angstentstehung anzusetzen (siehe horizontaler Pfeil in Abbildung 4). Je weiter der Prozess der Angstentstehung vorangeschritten ist, d.h. je weiter wir auf dem Weg von links nach rechts bereits sind, desto aufwändiger und schwieriger wird es meist, die Angst in den Griff zu bekommen. Es ist somit effektiver, schon sehr früh der Entstehung von Angst entgegenzuwirken. Zudem ist eine frühzeitige Regulation deutlich weniger riskant – z.B. kann die Regulation von Angst, wenn sie bereits aufgetreten ist, auch mal misslingen, was dann entsprechende Folgen hätte.

Es ist wichtig zu erwähnen, dass die Emotionsregulation sehr individuell ist. Einfache Ratschläge im Sinne von „Machen Sie einfach dieses oder jenes" werden der individuellen Angstregulation sicher nicht gerecht. Man muss ganz individuell verschieden Strategien erproben und Erfahrungen mit ihnen sammeln. Auch die Regulation von Angst muss gelernt, geübt und erprobt werden. Dies ist ein längerer Prozess, der aber sehr aussichtsreich und hilfreich ist. Generell ist es wichtig, daran zu glauben, dass man der Angst nicht ausgeliefert ist, sondern sie mit etwas Übung in aller Regel sehr gut in den Griff bekommen kann. Nur wenn man daran glaubt, dass Angst regulierbar ist, dann wird man auch an ihr arbeiten (Goetz & Bieg, 2016).

Beim Musizieren ist die Angst leider oft gegenwärtig – in Unterrichtssituationen, bei Konzerten, bei Probespielen usw. Musik an sich ist überhaupt nicht mit Angst verbunden, sondern vielmehr etwas umfänglich Bereicherndes – Angst kommt in die Musik, indem sie in einen Kontext von Leistung und Wettbewerb gestellt wird, der allerdings oft die Realität musikalischer Ausbildung und Berufstätigkeit darstellt. Insofern müsste es ein Teil der musikalischen Ausbildung sein, mit Angst adäquat umgehen zu können. Dozierende an Musikschulen, aber auch an Hochschulen, sollten entsprechend ausgebildet werden und v.a. selbst Erfahrungen mit den einzelnen Strategien sammeln. Nur wenn diese individuell erprobt wurden, kann man sie gut an andere weitervermitteln.

Im Falle von hohem Lampenfieber und starker Prüfungsangst ist es sehr empfehlenswert, sich professionell unterstützen zu lassen. Angsttherapie ist eine der Therapien mit sehr guten Erfolgsaussichten (Zeidner, 2014) – und dies bei in der Regel relativ wenigen Sitzungen. Es gibt eine ganze Reihe von entsprechenden Therapieformen, die auch auf den oben genannten Prinzipien aufbauen, wie z.B. Entspannungstrainings, systematische Desensibilisierung, Aufmerksamkeitstrainings, kognitive Restrukturierungstrainings, Denkstiltrainings, Stressinokulationstrainings und Angstreduktions-Strategietrainings (Pekrun & Götz, 2006). Multimodale Verfahren integrieren unterschiedliche Therapieformen. Auch hier gilt, dass es ganz individuelle Neigungen zu spezifischen Maßnahmen gibt, die in einem Gespräch mit einem*einer Berater*in thematisiert werden. Oft muss man erst Erfahrungen mit bestimmten Methoden machen, um überhaupt einschätzen zu können, ob diese für einen passend und hilfreich sind. Und im Idealfall sollten diese Übungen auch Spaß und auf weitere Methoden neugierig machen.

Alle, die ein Instrument spielen, wissen, dass Üben und eine kontinuierliche Auseinandersetzung mit dem Instrument zentral für schönes Musizieren sind.

Ebenso verhält es sich bei der Auseinandersetzung mit Lampenfieber und Prüfungsangst. Die Vorstellung, hier mal einen Crashkurs zu besuchen und dann sei alles gut, ist nicht realistisch. Es ist wichtig, sich mit dem Thema Lampenfieber/Prüfungsangst kontinuierlich auseinanderzusetzen, sich individuell passende Strategien zu suchen und diese auch zu üben und entsprechend einzusetzen. Allerdings hält sich der Aufwand auch in Grenzen – man muss hier nur am Ball bleiben. Und es kann in der Tat auch Spaß machen, sich mit dem Thema auseinanderzusetzen und unterschiedliche Strategien auszuprobieren. Hilfreich und motivierend kann es auch sein, sich in einem Team (z.b. zwei bis drei Personen) mit dem Thema auseinanderzusetzen und sich regelmäßig dazu auszutauschen und über die eigenen Erfahrungen mit bestimmten Strategien zu sprechen.

## Reflexionsfragen zum Umgang mit Lampenfieber und Prüfungsangst

1. Ist ein Beruf, bei dem ich öffentliche Auftritte habe, der richtige für mich?

2. Begebe ich mich in einem für mich angemessenen Ausmaß in Situationen, bei welchen ich Lampenfieber oder Prüfungsangst habe (z.b. Auftritte, Prüfungen, Wettbewerbe, Probespiele)?

3. Kann ich auch bei Vorspielen, Prüfungen und Konzerten die Freude und Begeisterung beim Musizieren spüren?

4. Gehe ich mit einem guten Selbstbewusstsein auf die Bühne?

5. Spreche ich öffentlichen Auftritten manchmal eine überhöhte Bedeutung zu?

6. Habe ich mir verschiedene Strategien des Umgangs mit Lampenfieber und Prüfungsangst angeeignet?

7. Welche Strategien des Umgangs mit Lampenfieber und Prüfungsangst sind ganz individuell für mich hilfreich und welche weniger?

8. Glaube ich daran, dass ich meinem Lampenfieber und meiner Prüfungsangst nicht ausgeliefert bin, sondern vielmehr sehr gut daran arbeiten kann?

9. Bin ich bereit, mich im Falle von starkem Lampenfieber oder hoher Prüfungsangst von anderen dabei unterstützen zu lassen, dies in den Griff zu bekommen?

# 6. Regulationsstrategien in der Praxis

Unter Bezug auf das dargestellte Prozessmodell der Emotionsregulation (Gross, 2014; s. Abbildung 4) werden im Folgenden exemplarisch Strategien näher vorgestellt. Ich möchte Sie dazu einladen, diese individuell zu erweitern und auch zu modifizieren, sodass sie zu Ihnen passen, Ihnen helfen und Sie im Idealfall die Strategien auch gerne anwenden. Vielleicht tauschen Sie sich auch in einem kleinen Team regelmäßig über Ihre Erfahrungen mit den Strategien aus – das könnte sehr motivierend und hilfreich für alle Beteiligten sein. Manche Strategien werden vielleicht sehr gut zu Ihnen passen, andere evtl. überhaupt nicht. Aber vielleicht geben Sie auch Strategien, die Ihnen spontan nicht zusagen, zunächst einmal eine Chance – oft stellen sich gerade diese als hilfreich heraus. Anregungen zu weiteren Strategien können Sie sich auch aus anderer Literatur zu Lampenfieber und Prüfungsangst im Kontext von Musik holen (z.B. Mantel, 2008; Spahn, 2012).

## (1) Situationswahl

Stellen Sie sich bei Anfragen zu Vorspielen/Konzerten immer die folgenden Fragen. Und versuchen Sie dabei, wirklich in sich hinein zu spüren, um für Sie ehrliche Antworten zu erhalten.

1. Ist es das, was ich wirklich machen möchte?

2. Würde ich mich im Falle meiner Zusage selbst übergehen?

3. Würde ich mich während der Vorbereitung auf die Veranstaltung bereits darauf freuen?

4. Fühle ich mich diesem Vorspiel/Konzert gewachsen?

5. Würde es sich im Falle einer Zusage so anfühlen, als würde ich mit dem Kopf durch die Wand gehen?

6. Könnte ich mir eingestehen, dass ich es eigentlich nicht machen möchte?

7. Kann ich mir vorstellen, dort mit Begeisterung und Hingabe zu musizieren?

8. Welche Erfahrungen habe ich bisher bei ähnlichen Veranstaltungen gemacht?

9. Würde ich voraussichtlich vor und/oder während der Aufführung starke Angsterleben?

10. Falls ja, würde ich diese Angst gut in den Griff bekommen?

11. Will ich auf der Basis dieser (und weiterer) Überlegungen lieber zu- oder absagen?

Falls Sie zu dem Schluss kommen sollten, dass Sie voraussichtlich durch eine Zusage viel Angst erleben würden, dann sollten Sie das sehr ernst nehmen und in die Entscheidung einfließen lassen, bei der natürlich auch viele andere Dinge eine Rolle spielen können (z.B. Karriere, Finanzen, Attraktivität des Ortes, Netzwerk, …).

## (2) Situationsmodifikation

Wenn ein Vorspiel, ein Konzert oder eine Prüfung ansteht, dann stellen Sie sich vorab immer die folgenden Fragen. Versuchen Sie in sich hineinzuspüren, um zu für Sie ehrlichen Antworten zu gelangen. Je nach Situation sind viele Dinge evtl. bei Vorspielen, Konzerten und Prüfungen bereits festgelegt, aber manches kann evtl. noch optimiert werden.

1. Ist das Programm in seiner bisherigen Planung wirklich passend für mich oder möchte ich noch etwas verändern, sodass ich ein besseres Gefühl bei der Aufführung habe (z.B. andere Stücke, Reihenfolge der Stücke, Länge der Stücke, Länge des Konzerts)?

2. Ist die Beleuchtung für mich in Ordnung oder könnte es für meinen Auftritt zu hell (blenden) oder zu dunkel (Schwierigkeit, die Noten zu lesen) sein?

3. Würde es mich beruhigen, wenn noch bestimmte Personen bei der Aufführung im Publikum wären? Falls ja, wen könnte ich dazu einladen?

4. Ist meine geplante Kleidung für das Konzert wirklich passend (z.B. im Hinblick auf Beweglichkeit, anzunehmende Temperatur im Raum)?

5. Kann ich es organisieren, vor der Aufführung einen Raum für mich zu haben, in den ich mich noch zurückziehen kann?

6. Habe ich vor der Aufführung meinen Tag so geplant, dass ich mich nicht vorab zu sehr verausgabe?

7. Habe ich mich bisher ausreichend auf die Aufführung vorbereitet oder muss ich z.B. noch andere Dinge absagen, um ein adäquates Ausmaß an Zeit für die Vorbereitung zu haben?

8. Habe ich meine Mahlzeiten für den Tag der Aufführung gut geplant, sodass ich z.B. genügend Energie für die Aufführung habe?

Auf der Basis dieser Fragen können Sie versuchen, einzelne Aspekte noch zu optimieren, sodass Sie sich bei der Aufführung möglichst wohlfühlen können. Oft sind es die scheinbar kleinen Facetten einer Situation, die deutlich zu Lampenfieber und Prüfungsangst beitragen und auf die wir durchaus Einfluss nehmen können.

### (3) Aufmerksamkeitslenkung

Vor einer Aufführung könnten einige der folgenden Gedanken für Sie hilfreich sein. Sie könnten sich die Sätze mitnehmen (z.B. am Smartphone) und selbstverständlich durch weitere ergänzen, die hilfreich für Sie sind.

- Ich will mich voll und ganz auf die Musik konzentrieren.

- Es geht darum, mich selbst und andere durch die Musik zu bereichern.

- Ich will mit Freude und Hingabe musizieren.

- Ich will während des Konzerts ganz bei mir und den anderen Musizierenden sein.

- Es geht bei der Aufführung nicht um mich als Individuum, auch nicht um mein Ego, sondern schlichtweg um die Musik.

- Ich bin dankbar, bei der Aufführung mitwirken zu dürfen.

- Musizieren macht mich glücklich.

- Die Musik ist etwas überaus Wertvolles in meinem Leben

Sie können kurz vor der Aufführung auch Ihre Gedanken an bisherige erfüllende Erlebnisse beim Musizieren lenken – z.B. an musikalisch beglückende Momente bei früheren Aufführungen.

Falls Sie Gedanken an Aufführungen nervös machen, dann können Sie einfach auch an andere, möglichst schöne und erfüllende Dinge denken (z.B. schöne Begegnungen mit anderen Menschen, inspirierende Momente).

### (4) Umbewertung

Vergegenwärtigen Sie sich vor der Aufführung/Prüfung, dass Sie viele Aspekte der Situation unter Kontrolle haben und dass Ihr Leben und Ihr Selbstwert nicht von dieser einen Aufführung/Prüfung abhängen. Die folgenden Sätze könnten für Sie hilfreich sein.

- Ich habe mich sehr gut vorbereitet und ich kann das.

- Ich war bisher erfolgreich und werde es entsprechend auch jetzt sein.

- Ich habe es so weit gebracht, dass ich hier musizieren darf – ich bin für diesen Auftritt bestens geeignet.

- Ich kann und darf jetzt meine sehr gute Technik und meine individuelle Musikalität zeigen.

- Mein Leben und meine weitere Laufbahn hängen nicht von dieser einen Aufführung/Prüfung ab.

- Wie mich andere sehen, hängt nicht von dieser einen Aufführung/Prüfung ab.

- Mein Ruf als Musiker*in hängt nicht von dieser einen Aufführung/Prüfung ab.

Wir sind so gut wie nie Situationen einfach „ausgeliefert", sondern können sie aktiv beeinflussen, d.h. in ihnen wirksam sein (sogenannte Selbstwirksamkeit).

## (5) Emotionsveränderung

Wenn wir die Angst verändern wollen, dann können wir bei ihren einzelnen Komponenten ansetzen. Unter Bezugnahme auf das oben dargestellte Komponentenmodell, zeige ich im Folgenden ein paar diesbezügliche Möglichkeiten auf.

*Affektive Komponente.* Hier ein paar Tipps, wie Sie den „emotionalen Kern" von Lampenfieber und Prüfungsangst positiv verändern können.

- Kämpfen Sie nicht gegen die Angst in der Form an, dass Sie diese einfach „weghaben" möchten. Es ist oft sehr beruhigend, wenn man die Angst erst einmal annimmt und sogar begrüßt. Sagen Sie sich z.B. die folgenden Sätze: „Es ist nicht schlimm und ganz normal, dass ich Angst habe. Ich habe Möglichkeiten, mit ihr umzugehen, und ich nehme die Angst zunächst einfach an". „Danke, liebe Angst für Deine Fürsorge – ich komme aber sehr gut zurecht".

- Denken Sie vor einer Aufführung an etwas, das eine positive Stimmung in Ihnen erzeugt, z.B. an schöne Bilder aus dem Urlaub, an schöne Begegnungen mit anderen Menschen, oder auch an lustige Situationen.

- Essen und trinken Sie vor einem Auftritt etwas, von dem Sie wissen, dass es Ihre Angst nicht noch verstärkt. Es kann auch etwas sein, was Sie beruhigt – allerdings sollte es auch keine zu beruhigende Wirkung haben, sodass Sie mit zu geringer Aktivation in die Aufführung gehen würden. Sammeln Sie Erfahrungen, welche Nahrung für Sie emotional gut vor einer Aufführung ist.

- Hören Sie vor einer Aufführung Musik, die Ihnen guttut oder lesen Sie einen Text, der Ihnen guttut. Aber achten Sie darauf, dass es nichts ist, was Sie zu sehr von der Aufführung ablenkt oder Sie dabei stören könnte (z.B. Melodien, die Sie dann noch im Kopf haben).

*Kognitive Komponente.* Sie sind Ihren Sorgen-Gedanken nicht ausgeliefert, sondern Sie haben einen starken Einfluss darauf.

- Geben Sie den Sorgen-Gedanken keinen Raum. Wenn sie auftreten, dann sagen Sie sich: „Stopp! Ich lasse diese Gedanken nicht länger zu."

- Oder beobachten Sie mit Abstand Ihre Sorgen-Gedanken – als etwas „Fremdes", nicht zu Ihnen Gehöriges. Und lassen Sie diese Gedanken einfach ziehen, ohne ihnen Beachtung zu schenken.

*Physiologische Komponente.* Reduzieren Sie das Gefühl von Lampenfieber und Angst, indem Sie eine mit Angst inkompatible Körperphysiologie ausprägen.

- Entspannen Sie sich durch progressive Muskelrelaxation vor einer Aufführung. Falls Sie diese Methode noch nicht anwenden, dann lernen Sie sie und sammeln Sie Erfahrungen damit – zunächst jenseits von Aufführungen. Sie können die Methode mit sehr geringem Zeitaufwand lernen und anwenden.

- Achten Sie auf eine gute Atmung: Bauchatmung, ruhig und gleichmäßig.

- Machen Sie kleine, ruhige und gleichmäßige Bewegungen, die körperliche Anspannungen lösen. Seien Sie durch diese Bewegungen „im Fluss". Bauen Sie im Laufe der Zeit ein eigenes Repertoire an Bewegungen auf, die Sie entspannen. Anregungen können Sie sich, je nach Interessen, aus vielen Bereichen holen (z.B. Tanz, Tai-Chi, Yoga, Kampfsportarten, …).

*Expressive Komponente.* Reduzieren Sie Ihre Angst, indem Sie einen körperlichen Ausdruck zeigen, der mit Lampenfieber/Prüfungsangst inkompatibel ist.

- Machen Sie lockere, gleichmäßige, schöne und für Sie angenehme Bewegungen – z.B. beim Gehen, aber auch bei allen anderen Bewegungen.

- Zeigen Sie einen positiven, entspannten Gesichtsausdruck.

- Singen, summen oder spielen Sie für Sie angenehme Töne oder Laute.

- Sprechen Sie für Sie angenehme und positive Wörter.

- Stehen oder sitzen Sie so, dass Sie Aufmerksamkeit und Offenheit für das Gegenüber ausdrücken.

*Motivationale Komponente.* Entscheiden Sie sich bewusst für das Hier und Jetzt. Sie müssen ohnehin bei der Aufführung sein – dann seien Sie es auch voll und ganz. Und seien Sie sehr selbstbewusst im Hier und Jetzt. Bejahen Sie Ihr Da-Sein in diesem Moment. Sie können sich z.B. die folgenden Sätze sagen:

- Ich bin ganz bewusst im Hier und Jetzt.

- Ich gebe mich in die Aufführung voll und ganz hinein.

- Dies ist der Ort, an dem ich genau jetzt sein will.

- Ich habe mich entschieden hier zu sein, und nun will ich auch voll und ganz hier sein.

Sie können bei der Emotionsveränderung bei einer, aber auch bei mehreren Komponenten ansetzen. Sammeln Sie Erfahrungen damit, welche Herangehensweise Ihnen am meisten hilft. Und versuchen Sie auch hier einen spielerischen und unverkrampften Umgang zu finden.

# 7. Berechnung eines individuellen Angst-Scores

Es gibt eine ganze Reihe von Fragebögen zur Erfassung von Prüfungsangst (Zeidner, 2014). Sehr weit verbreitet ist das sogenannte Academic Emotions Questionnaire (AEQ; Pekrun et al., 2011; eine Kurzform des Fragebogens: AEQ-S; Bieleke et al, 2021). In diesem Fragebogen werden mehrere positive Emotionen wie Freude, Stolz und Hoffnung, aber auch mehrere negative Emotionen wie Angst, Ärger und Scham erhoben. Auch Prüfungsangst kann anhand dieses Fragebogens erfasst werden. Das AEQ bezieht sich auf den schulischen und universitären Kontext. Unten finden Sie eine Version der Prüfungsangst-Erhebung, die an den Kontext musikalischer Aufführungen angepasst wurde. Die Fragen beziehen sich auf zwei Situationen: vor einer Aufführung und während einer Aufführung. Es werden alle Komponenten von Prüfungsangst erfasst – bis auf die expressive Komponente, weil man diese bei sich selbst häufig schlecht einschätzen kann. Auf die affektive Komponente beziehen sich die Fragen 1, 6, 7, auf die kognitive Komponente die Fragen 2, 3, 8, auf die motivationale Komponente die Fragen 4, 9, 10 und auf die physiologische Komponente die Fragen 5, 11, 12.

Sie können den Fragebogen selbst auswerten. Den Antworten von „stimmt gar nicht" bis „stimmt genau" können Sie von links nach rechts die Werte 1 bis 5 zuordnen: (1) stimmt gar nicht, (2) stimmt kaum, (3) stimmt teilweise, (4) stimmt überwiegend, (5) stimmt genau. Sie können dann die 12 Werte (entsprechend der 12 Fragen, jeweils von 1-5) aufaddieren. D.h. Sie erhalten dann einen Summenwert, der zwischen 12 (ausschließlich 1 angekreuzt) und 60 (ausschließlich 5 angekreuzt) liegt. Diesen Wert können Sie dann durch 12 teilen und sie erhalten dadurch Ihren mittleren Angstwert, der zwischen 1 und 5 liegt, d.h. in dem Antwortformat, das auch im Fragebogen verwendet wurde.

Der zwischen 1 und 5 liegende Wert ist dann ein Indikator dafür, wie stark die Angst bei Aufführungen bei Ihnen ausgeprägt ist. Als einzelner Wert sagt das zunächst nicht viel aus. Aber Sie können die Fragen zu einem späteren Zeitpunkt, z.B. nach einem halben oder einem ganzen Jahr, noch einmal beantworten und sehen, ob sich Ihr Wert verändert hat. Vielleicht ist er ja niedriger geworden, weil Sie unterschiedliche Strategien der Angstregulation erprobt haben und nun anwenden. Interessant könnte es auch sein, die Werte mit anderen, z.B. befreundeten Musiker*innen, zu vergleichen und sich darüber auszutauschen. Bei einer größeren Gruppe können die Individualwerte gemittelt, d.h. aufaddiert und durch die Anzahl der Personen geteilt werden. Und jede einzelne Person kann dann sehen, wie stark sie über oder unter dem Mittelwert dieser Gruppe liegt.

Dieser kleine Fragebogen sollte Sie anregen, sich mit dem Thema Lampenfieber/Prüfungsangst auseinanderzusetzen. Die hier erhaltenen individuellen Werte haben sicherlich keinen strengen diagnostischen Wert, da es zu dem Fragebogen

keine entsprechende Normstichprobe bei Musiker*innen gibt. Aber als Reflexions-
instrument kann er sehr hilfreich sein.

## Fragebogen zur Angst bei Aufführungen

| Wie fühlen Sie sich in der Regel VOR Aufführungen? | stimmt gar nicht | stimmt kaum | stimmt teilweise | stimmt überwiegend | stimmt genau |
|---|---|---|---|---|---|
| 1. Vor Aufführungen bin ich beunruhigt und fühle mich unwohl. | O | O | O | O | O |
| 2. Ich mache mir Sorgen, ob ich genug geübt habe. | O | O | O | O | O |
| 3. Ich mache mir Sorgen, ob die Aufführung zu schwierig sein wird. | O | O | O | O | O |
| 4. Vor lauter Nervosität würde ich am liebsten nicht zur Aufführung kommen. | O | O | O | O | O |
| 5. Ich habe ein flaues Gefühl im Magen. | O | O | O | O | O |
| **Wie fühlen Sie sich in der Regel WÄHREND Aufführungen?** | stimmt gar nicht | stimmt kaum | stimmt teilweise | stimmt überwiegend | stimmt genau |
| 6. Ich bin sehr nervös. | O | O | O | O | O |
| 7. Ich gerate schnell in Panik bei einer Aufführung. | O | O | O | O | O |
| 8. Ich mache mir Sorgen, ob ich gut durch die Aufführung kommen werde. | O | O | O | O | O |
| 9. Ich bin so aufgeregt, dass ich denke: Wenn es bloß vorbei wäre. | O | O | O | O | O |
| 10. Ich habe so viel Angst, dass ich mir wünsche, weit weg zu sein. | O | O | O | O | O |
| 11. Wenn die Aufführung beginnt, habe ich Herzklopfen. | O | O | O | O | O |
| 12. Ich habe ganz zittrige Hände. | O | O | O | O | O |

## 8. Schlusswort

Ziel dieses kleinen Buches ist es, einen Überblick zum Thema Lampenfieber und Prüfungsangst zu geben, d.h. zu ihrer Phänomenologie („Was ist das?"), ihren Wirkungen, ihrer Entstehung, und zu Möglichkeiten ihrer Regulation. Und es möchte Anregungen dazu geben, sich Regulationsstrategien anzunähern und diese für sich zu erproben. Ich wünsche Ihnen viel Freude und vor allem viele Erkenntnisse über sich selbst beim Finden eines für Sie guten Weges zu Ihrem ganz individuellen Umgang mit Lampenfieber und Prüfungsangst. Falls dieses Buch eine Tür hin zum Finden und Gehen dieses Weges bei Ihnen öffnet, hat es sein Ziel mehr als erreicht.

Über Kritik, Verbesserungsvorschläge und Anregungen jeder Art würde ich mich freuen. Schreiben Sie mir einfach – ich werde Ihre Kommentare bei der nächsten Auflage auf jeden Fall berücksichtigen. Zum Schluss noch – und ganz wichtig: Vielen herzlichen Dank all jenen, die dieses kleine Buch vorab gelesen und mir wertvolle Rückmeldungen gegeben haben, insbesondere Frau Gudrun Hinze (Solo-Piccoloflötistin im Gewandhausorchester zu Leipzig).

Wien, im Januar 2022

Thomas Götz

# 9. Literatur

Bieleke, M., Gogol, K., Goetz, T., Daniels, L., & Pekrun, R. (2021). The AEQ-S: A short version of the Achievement Emotions Questionnaire. Contemporary Educational Psychology, 65, 101940.

Dickhäuser, C., & Dickhäuser, O. (2020). Fair und klar. Prüfungen angstfrei gestalten. Forschung & Lehrer, 27, 1006-1007.

Dresel, M., & Lämmle, L. (2017). Motivation. In T. Götz (Hrsg.), Emotion, Motivation und selbstreguliertes Lernen (2., aktual. Aufl., Lehrbuchreihe Standardwissen Lehramt, S. 79–142). Schöningh/ UTB.

Eder, A. B., & Brosch, T. (2017). Emotion. In J. Müsseler & M. Rieger (Hrsg.), Allgemeine Psychologie (3. Aufl., S. 185-222). Springer.

Frenzel, A. C., Goetz, T., & Pekrun, R. (2020). Emotionen. In E. Wild & J. Möller (Hrsg.), Pädagogische Psychologie (3., vollständig überarbeitete und aktualisierte Auflage, S. 211-234). Springer.

Frenzel, A. C., Götz, T., & Pekrun, R. (2008). Kontroll-Wert-Modell der Prüfungsangst. In J. Zumbach & H. Mandl (Hrsg.), Pädagogische Psychologie in Theorie und Praxis. Ein fallbasiertes Lehrbuch (S. 275-284). Hogrefe.

Goetz, T., & Hall, N. C. (2020). Emotion and achievement in the classroom. In J. Hattie & E. M. Anderman (Eds.), Visible Learning Guide to Student Achievement (pp. 145-152). Routledge.

Goetz, T., & Bieg, M. (2016). Academic emotions and their regulation via emotional intelligence. In A. A. Lipnevich, F. Preckel, & R. D. Roberts (Eds.), Psychosocial skills and school systems in the 21st century: Theory, research, and practice (pp. 279-298). Springer.

Mantel, G. (2008). Mut zum Lampenfieber. Mentale Strategien für Musiker zur Bewältigung von Auftritts- und Prüfungsangst. Schott.

Pekrun, R., Goetz, T., Frenzel, A. C., Barchfeld, P., & Perry, R. P. (2011). Measuring emotions in students' learning and performance: The Achievement Emotions Questionnaire (AEQ). Contemporary Educational Psychology, 36, 36–48.

Pekrun, R., Muis, K. R., Frenzel, A. C., & Goetz, T. (2018). Emotions at School. Routledge.

Pekrun, R., & Götz, T. (2006). Emotionsregulation: Vom Umgang mit Prüfungs-angst. In H. Mandl & H. F. Friedrich (Hrsg.), Handbuch Lernstrategien (S. 248-258). Hogrefe.

Roos, A.-L., Goetz, T., Krannich, M., Jarrell, A., Donker, M., & Mainhard, T. (2021). Test anxiety components: an intra-individual approach testing their con-trol antecedents and effects on performance. Anxiety, Stress, & Coping, 34, 279-298.

Roos, A-L., Goetz, T., Voracek, M., Krannich, M., Bieg, M., Jarrell, A., & Pekrun, R. (2021). Test anxiety and physiological arousal: A systematic review and meta-analysis. Educational Psychology Review, 33, 579-618.

Spahn, C. (2012). Lampenfieber. Grundlagen. Analyse. Maßnahmen. Henschel.

Teigen, K.H. (1994). Yerkes-Dodson: A Law for all Seasons. Theory & Psychology, 4, 525-547.

Yerkes, R. M., & Dodson, J. D. (1908). The relation of strength of stimulus to rapid-ity of habit-formation. Journal of Comparative Neurology and Psychology, 18, 459–482.

Zeidner, M. (2014). Anxiety in education. In R. Pekrun & L. Linnenbrink-Garcia (Eds.), International handbook of emotions and education (pp. 265–288). Taylor & Francis/Routledge.